Es genügt eben nicht
von Teilzeitpoet Joachim Walliser

© 2018 Joachim Walliser

Umschlaggestaltung, Illustration: Joachim Walliser nach
Vorlage des Verlages
Coverbild: Klaus Hertweck
Herausgeber: Joachim Walliser

Verlag und Druck: tradition GmbH, Halenreie 40-44, 22359
Hamburg

ISBN Paperback 978-3-7469-5085-3
ISBN Hardcover 978-3-7469-5149-2
ISBN e-Book 978-3-7469-3718-2

Bibliografische Information der Deutschen
Nationalbibliothek:
Die Deutsche Nationalbibliothek verzeichnet diese
Publikation in der Deutschen Nationalbibliografie;
detaillierte bibliografische Daten sind im Internet über
http://dnb.d-nb.de abrufbar.

Mein Dank geht an Klaus für das Cover-Motiv, meinen Bruder, Lydia, Hendrik, Gero und Erika und Annika für deren Hilfe.

Joachim Walliser

Ein unbeschriebenes Blatt

www.walliser.net

Inhalt

Es genügt eben nicht!

Ausgangspunkt für den Titel dieser Sammlung war folgendes Zitat:

"Es genügt, dass die Schönheit
unseren Überdruss streift ..."
(Nicolás Gómez Dávila *1)

Was genügt denn?

Der kurze Moment des Glücks und der Schönheit...
... des betörenden Duftes
... des Kusses
... eines zauberhaften Abends
... eines Tanzes
... eines Theaterstückes
... einer berührenden Symphonie
... eines wunderbaren Geschmackserlebnisses
... eines Momentes inniger Verbundenheit in aller
Freiheit
... eines absichtslosen Beieinanderseins im Arm
des andern
... ja auch eines wundervollen sexuellen
Hochgefühls
... einer großen Liebes-Beziehung die bis ins hohe
Alter andauert

Es genügt eben ganz und gar nicht, dass eine Liebe uns nur streift, dass ein schöner Moment nur einen kurzen Moment dauert, dass der Zauber wirklich großer und inniger Gefühle nur kurz anklopfen, uns anfixt und dann abzieht.

Es genügt nicht, dass wir einmal für eine kurze Zeit mit einem wundervollen Menschen zusammen waren, den wir lieben, und danach wieder in die Einsamkeit stürzen.

Mir zumindest, lieber Nicolás genügt das nicht. Und doch ist es meist meine Realität. Es muss, besser soll mir genügen. Meinst Du das?

Soll ich lernen genügsam zu werden und mich an dem Augenblick zu erfreuen. Ist es so?

Heute fließt alles durch mich hindurch und ich möchte nicht mehr festhalten. Doch das alleine hilft bei den 90% der Tristesse oder Routine des Alltags nicht, oder gerade doch? Nur wenn ich Beides kenne, kann ich es wahrnehmen.

Vielleicht gelingt es mir, Ihnen mit dieser Sammlung ein paar helle Momente der Verbundenheit, der Erkenntnis und des Trostes zu geben. Vielleicht teilen Sie ein wenig Ewigkeit mit einem geliebten Menschen dabei und sie sagen gemeinsam aus voller Kraft: Es genügt eben nicht!

Ihr
Joachim Walliser

*1) Nicolás Gómez Dávila: Es genügt, dass die Schönheit unseren Überdruss streift ... Aphorismen. Ausw. u. Hrsg.: Michael Klonovsky. Reclam, Stuttgart 2007, ISBN 978-3-15-020141-1.

So frei wie jeder kann

Der Wille und die Freiheit
Tage an denen mein Studium nicht enden wollte
Visit…
Flipchart Hornhaut
Mensa zwischen den Jahren
Echtheit
Skizze
Der Spiegel…
"mä on"
Hinter dem Tanzen
Angestaut?
Papier kaufen

Der Wille und die Freiheit

Manchmal mutet mir meine Prägung eine kleine
Vortäuschung falscher Tatsachen zu:

"Der Wille kann Berge versetzen."

So ein Humbug, der Wille, dieser launische,
dickköpfige und sture Fratz,
der uns nur allzu oft zum Narren hält.

Und meine Freiheit?
Meine Freiheit!
Dieses absurde Gebilde, diese vorgetäuschten
Möglichkeiten
und Chancen - .

Und erst von diesem Blickpunkt aus, von ihrer
Unmöglichkeit her, kann nun der Wert von Freiheit
und Wille gesehen werden; nämlich als Utopie, die
niemandem genommen werden darf.

Tage an denen mein Studium nicht enden wollte

Diese Tage gab es genug.
Sie waren lang, voller böser Überraschungen
voller Verwaltungsbarrikaden und Versagen.
Es waren finstere Tage voller Zorn.

Sie waren auch kurz,
voller Sonne, Kurzweil, voller Zeithoheit,
voller Neckarstillstand, Rausch und
Mehrfachbelastung.
Voller Unsicherheit und Geldmangel.

Diese Tage waren.
Sie waren, was ich bisher kannte.
In ihnen war ich zu Hause
wie man nur in einem alten Haus zu Hause sein
konnte.

Ich wähnte mich in guter Gesellschaft,
voll von geteiltem Verständnis
und doch alleine

Es war toll!
Es war dem Verrückten oft näher als dem Examen
sie waren übervoll
und wurden ausgekostet
bis zum letzten schalen Schluck
bis zur letzten bezwungenen Prüfung.

Es war! Und dies zu begreifen dauert an.
Ich glaube auch deshalb muss man dieses Ende
mit seinen Liebsten feiern,
damit man es begreift.

Visit …

So heißt mein neuer,
herber und flüchtiger Duft
Mein Parfum wie mein Leben

Ständig zu Gast
Nirgends daheim.

Flipchart Hornhaut

- Abstumpfung
- hört einander nicht mehr
- das Fragen verlernt
- Fernsehen ohne Suchtpotenzial
- Die Powerpointschlachten sind geschlagen
- Was auf kein Wahlplakat passt, wird nicht angepackt
- „veroberflächlichte", sachlich-entzauberte Beziehungen
- Radioprogramm Sums und Tonbrei

Was verhindert und ermöglicht mich?

Mensa zwischen den Jahren

Der allgegenwärtige Wahnsinn
des Wissensghettos tritt deutlicher,
ach was sage ich
splitternackt
hervor.

Jetzt, da die "artigen" Studenten beim
Jahresend-Pflicht-Sanierungsurlaub bei
den zerbrochenen Ehen und Eltern

Zuhause, wo es warm und plüschig,
oder kalt-sachlich,
aber in den meisten Fällen
gediegen zugeht.

Unser durchgeknallter Gescheiterter
mit 1,3 Abi aus Bonn
wird gerade von der Polizei deeskaliert.

Die andere Gestalt in meinem Rücken
referiert in abgetragenen Kleidern mit
unhörbaren Worten
und viel Pathos und Gewicht
allein vor sich hin –
als stünde er vor einer Hundertschaft!

Die paar noch artigeren Studenten
in Examens-Isohaft
sehen das Szenario mit blankem Entsetzen,
- ohne Regung.

Wie nahe standen sie selbst schon an der Grenze,
die jene überschritten haben – wohl zwischen dem
neunten und zwanzigsten Semester.

Mir wird kalt, ich habe Angst vor mir selbst.
Ein Slogan der Stadt lautet:
"Tübingen – eintauchen und aufleben."
und ich sage: Eintauchen und ersaufen
um mich zur Disziplin zu mahnen
und tauche zurück in mein Studium.

Echtheit

Den Worten trau ich nicht.
Dem Tanzen gebe ich mich nur selten hin.
Im Singen bin ich mir nicht sicher.
Sie sagen es sei Show.
Wenn ich rede will ich glänzen
Beim Flirt such ich nur meine Bestätigung.
Sogar mein Gehen will gespielt sein.

Nur was ist meine Rolle?

So spiele ich vor allem, ich sei souverän und
glücklich.

Und wer weiß, vielleicht bin ich es sogar.

Meine Wahrnehmung beschränkt sich auf die
Reaktionen anderer
und mein Lebensgefühl.

Bliebe ich alleine, müsste ich niemandem meine
moralischen Vorstellungen erklären. Ignoranz würde
völlig ausreichen für zwischenmenschlichen
Umgang. Doch wie oft lüge ich mir irgendein
wunderbares Lebensgefühl in die Tasche und wie
oft ignoriere ich die Reaktionen meiner
Mitmenschen?

Echtheit ist mein hohes Ziel, nach Innen und Außen
und am ehesten erreiche ich das im Gebet.

Skizze

Wer schreibt?
Wer schreit?
Wer schweigt?
Wer bleibt?

Wer hört?
Wer fühlt?
Wer sieht?
Wer schmeckt?
Wer begreift?
Wer ergreift?
Wer hat?

Das Wort,
dieWahrheit,
das Skizzenbuch,
die blöden Sprüche,
die Geschichte,
die Liebe,
den Weg,
den Sinn,
die Nebensachen,
mich,
Gott,
lauter Sachen,
die Hauptsachen

. . .

Der Spiegel ...

... der Gesellschaft ist Ihre Kultur;
In unserem Falle hauptsächlich die Mattscheibe.
Genau das ist das Traurige.

Schauen Sie doch mal in unseren Spiegel,
ein Leichenschauhaus in handlicher
Wohnzimmergröße
mit viel Entertainment und Gruselei dazwischen.

Wir werden, indem wir unsere Werte verwirklichen.

"mä on"

das griechische "Nicht-Sein"

meint unsere Unzulänglichkeit,
unser Ungenügen,
unser Versagen und unseren Müßiggang.

Es ist das, was ich nicht bin und tue,
das was ich nicht denke und fühle,
und es ist dabei bewusst oder unbewusst.

Wir haben es immer bei uns!
Und ob wir uns mit ihm versöhnen
-        den Trick wollte ich mal sehen –
Oder ob wir ihm fliehen
-        Haha!
wir werden es nicht los.

Hinter dem Tanzen

Hinter dem Tanzen
Will ich raus aus meinem Kopf
leicht sein
für mich sein

will berührt werden
begehrt werden
Mann und Frau sein
unmittelbar
mich verraten
begehren
das zeigen – mich zeigen –
ehrlich sein
nicht spielen.- und doch auch.

Das alte Werberitual der Natur
Ausschließlichkeit
Wettstreit des Gefallens
Tut nicht mehr
stockt
setzt sich nicht fort
wurde abstrakt.
wurde ein Spiel, ein Abklatsch
eine oberflächliche „Reizzumutung"

Doch
Wir können es nicht lassen!
Sehnen uns nach der Unmittelbarkeit
Der Natur.

Angestaut?

Komplexe, Kleinmachen, Idiotie
unberechenbare ästhetische Dressur
ruckartiges Dichtmachen
Wut-Reaktion ad hoc !

Intellektuelle, ästhetische Hegemonie
Keine Augenhöhe
zumachen, dichtmachen, kleinmachen

Eifersucht?
Nein!
rotes Tuch
lieblos?
Abgeschnitten

Umgang grob, unklug, hässlich

Warum?
Wegen der Ablehnung –
Angestaute?

Papier kaufen...

... und Gartenhandschuhe für die Dornen.
Statt einen Freund zu besuchen
manche die Geliebte

Denken
Stille, Einsamkeit aushalten
hinhalten

ein Großformat
ein Brief
ein Gedicht

damit, was groß angelegt ist
sich auch auswachsen kann.

Sehnsucht und Schwärmerei

Da capo
Sehnsucht – longing noon
Nicht einmal die Möglichkeit
Zeit heilt nichts –
Räteselhaft
Es genügt eben nicht …

Da capo

nochmal
frenetisch
bitte ...
nochmal
von vorne

beginnen
ein Lied
ein Stück
ein Leben
eine Liebe

con repetitione al fine

Sehnsucht – longing noon

Einsam sein ist schön
Und doch nicht
Leicht
Und auch grausam

So sehne ich mich nach Deinem Lachen und Witz
Nach Deiner Zärtlichkeit und Haut.
Nach Deinem Zauber
Nach Deiner Wärme, Deinem Klang, Deiner
Gegenwart.

So schick ich Dir meine
Innere Stimme zur Nacht
Die Tageslese ist ein Telefonat entfernt
Wann immer Du willst.

Ich küsse Dich mit meinen Worten.

Nicht einmal die Möglichkeit

Zurückgelassen
Back to page one
Wie ein Junkie auf Entzug
Gefühl einer Beziehung zu Dir fehlt
Nicht einmal die Möglichkeit

Stehe wieder alleine auf,
nehme Platz am Tisch der Sehnsucht
Der nie leer wird.
Innerlich
Ohne das Gefühl der inneren Verbundenheit
Erlebe isoliert
Ohne das Du

Kann mich mit niemandem teilen…
tauschen
leben
kochen
genießen
denken
lachen

Im Jetzt, in Vergangenheit und Zukunft
Ein anderer emotionaler Aggregatszustand
Leer und einsam

Beziehen….
Nein, der andere bezieht sich nicht auf mich
Ich ziehe Dich nicht an
und aus
Du ziehst mich nicht zu Dir.

Ohne Wärme und ohne Perspektive,
ohne Kuss und Umarmung

kann nicht umschalten
kann nicht beliebig austauschen.

Wie geht es wohl ihr damit?
Hat sie schon getauscht?

Will ja im Grunde, dass es Dir gut geht.
Will ja im Grunde, dass Du leidest
An meiner Abwesenheit.
Will Dich!

Zeit heilt nichts –

Sie frisst uns
Glücklich oder unglücklich

Sie begräbt alles
Ist gerecht und nicht wählerisch

Chronos ist unerbittlich
Kairos ist launisch
Schenkt uns nur so selten den Moment der
Schönheit.

Für immer?
Schön wär's

Mit ihr hatte ich ein Stück Ewigkeit
Unvergesslich!

Komm gerne zurück –
für immer ☺

Räteselhaft

Wir wechseln uns ab
mit unseren seelischen Eintrübungen
Sind uns ein Rätsel
Und das darf auch sein.
Oder ist es ein Geheimnis
Und wir kennen es nicht?

So sind wir in
Rätsel-Haft

Ich lasse Dich
Schicke Dir leichte Grüße
Es wär ein Jammer, wir würden nicht weiter
zusammen tanzen.

Sei frei, sei angenommen
Sei ganz lieb
Gelassen.

Es genügt eben nicht …

… dass die Schönheit unseren Überdruss streift.
Dazu bin ich zu hungrig
Zu sehnsüchtig

Es genügt eben nicht, ab und zu …
Ein kleines Stück Ewigkeit zu schmecken …
Um sich danach wieder in den Überdruss der
Kreisläufe einzufinden.

Es will mir nicht gelingen…
Nur mit ein paar Brocken
Erinnerung einzuschlafen
Aufzuwachen
Zu essen
Zu fühlen
Zu denken
Zu lieben.

NEIN!
Ganz und gar nicht.

Erdverbundenheit

Lebenspfade
Kraftort und Standpunkt
Kurzes fortschreitendes Innehalten
Anmaßung
Reisenotiz - Shanghai August 1999
Strassenkreuzung

Lebenspfade

ratlos –
klaglos
zwischen allem und jedem
Friedhofsruhe
Finale Verspannung

Irgends
in einer Jahreszeit
zwischen Spätherbst und Frühwinter
ausgeräumte Zeit
unter der Lupe

Zelebrierte Einsamkeit
Dauergrabwanderung
Zwischen Bankrott und Freiheit
nicht Freedom –
„another word for nothing left to loose"
Zwischen Leidenschaft und Überleben.

Die Zeit der Sparer
Motorsäge im Dickicht
Die Gestutzten bluten immer
Egal ob zu Zeiten geschnitten wurde.

Goethe: „Ich bin des Treibens müde!"
Mit 20 jungen Lenzen.

Kraftort und Standpunkt

Orte, die ein Geheimnis bergen.
Ziele, die wir immer wieder ansteuern.
Sie sind von einer inneren Kraft erfüllt
und ziehen uns in Ihren Bann.

Beim Klettern gibt es den STAND, den wir dem
Partner zurufen,
bei dem sich Konzentration und Sicherheit treffen,
bei dem die Sicherung vom einen zum andern
übergeht,
da macht man sich am Felsen fest und ruht kurz
aus.

Beim Brunnen vor dem Tore ist solch ein Platz
und dort wo es Aussicht gibt auch.
Stille Nischen im klösterlichen Kreuzgang
und eine Bank am Fluss fernab und windgeschützt.

Wenn wir diesen Orten nahe sind,
wir sie im Blick haben
spüren wir in uns eine Sehnsucht,
die wir nicht beschreiben,
nur empfinden können.

Wenn wir einen Stand finden
eine Ruhe
dann werden wir
hinter der Oberfläche
jenseits des Alltags
Antwort und Frieden erfahren
und Kraft empfangen.

Dann haben wir vielleicht sogar Gott die Möglichkeit gegeben zu uns zu reden.

Das Wort wird in der Stille laut und ist nicht ortlos.

Kurzes fortschreitendes Innehalten
In spärlicher Zeit

Dunkle Täler,
tiefe Wälder
einsame Höhen
wenig Menschen

Das Nötigste,
ein Übermaß an Kälte, Klarheit und Stille.
Kärgliche, spärliche reiche Zeit.

Die Menschen zeitlos, aber
Aus uralten Zeiten.
Von Wohlstand getarnt.
Erhaben, stolz, mit Würde

Dieses Innehalten ist ein,
aus den Organen kommendes,
hohes Gefühl der eigenen Stärke.
Ein „Aus-dem-Dunst-Herausschreiten".
Ein Psychopanorama,
besser gesagt eine emotionale Wehr
bei unverhüllten Narben
und einem ruhenden Blick der Besinnung.

streitbar und abgeklärt
enttäuschte Menschlichkeit
auf eine gute Weise

Ohne Illusionen
Sondierte Wahrheiten aus Beziehungen
Innere Unabhängigkeit

Anmaßung
Amrum August 1997

Ein Landei wie ich, kann der Versuchung nicht
widerstehen, die erste Woche Inselwahn in Worte
zu kleiden. Dieser Ort nötigt mich zum
hoffnungslosen Romantisieren.
Dieses Himmelreich der Gerüche erfrischt und
betört. Die Sinne wachsen in den Himmel, fließen
durchs Meer und nehmen die Welt im Sande in den
Arm.

Heimliche Dünen locken, Kiefernwaldrand spendet
Schatten in der Augusthitze und gegen frühen
Abend taucht ein Teehaus an meinem Sandpfad
auf, ohne sich aufzudrängen. Es steht da, als ob es
die Brücke ins Nichts, hin zum Priel und diesen
fremden Vögeln aufzieht. Ein Bogen der sanft endet
und niemand weiß wo.

Einmalig ereignet sich ein brillanter, gesprächiger
Abend, ein Amüsement.
Die Akteure sind Attraktion des Abends – ein
Gastspiel.

Kirchenpforten schlagen die Flügel auf und der Blick
derer die drinnen Loben und musizieren mündet in
einem Panorama aus Holzpfählen, Schiffen und
Brandung.

Amrum trägt einen Geruch-, Formen- und
Farbenverstärker, der die Lebensgeister beruhigt,
und die Seele in unendlichem Enthusiasmus

taumeln lässt, obwohl sie die Ernüchterung nicht
ganz vergessen kann.

Versandete Erholung bricht sich bahn und
totgeglaubte Gelassenheit gesellt sich zu dem
Streiflicht des Wanderers. Bei gutem Essen, milder
und gar nicht schwülstiger Freundschaft genieße ich
herrlichen Alkohol und lebt beschwingt. Leider ist
der Zeitraum begrenzt, sonst wäre das Paradies
doch im Diesseits.

Reisenotiz - Shanghai August 1999

Der chinesische Student heißt Suppe oder Meer, ist höchstens 22, hat einen Meter Schreibtisch, keine Klimaanlage, keinen Spint oder Schrank.

Er teilt mit 6 oder bestenfalls 4 Jungs 24 m² Zimmer.

Es gibt einen Gemeinschaftswaschraum ohne Duschen. 15 Zimmer sind hier auf einem Stock und das Haus hat vier Stockwerke. Kasernenartig stehen die 6 Gebäude der International Business School zwischen einem verspiegelten Hotelgebäude Baracken und einer kleinen Sportanlage.

Im Sommer lernt mein Student bei 40 °C und tropischer Luftfeuchtigkeit und selbstverständlich Economy oder International Science, wie es selbst hier schon heißt. Er hat eine Freundin, drei Häuser weiter, die hat ein wenig bessere, sagen wir hygienischere, Bedingungen, und wird dafür bewacht. Beide haben verordnete Ausgeh- und Schlafzeiten. Keiner bricht aus diesem Regelwerk aus. Privatsphäre ist für alle dort ein Fremdwort.

In unserem Trakt gibt es keine Türen zwischen den Toiletten und dem Waschraum. Im Gang riecht es immer nach Urin. Es gibt eine gemeinsame Küche und einen einzigen Kocher und eine Kochplatte.

Mein Student hat das große Los gezogen, seine Eltern bezahlen sein Schulgeld begrenzt auf 3-4 Jahre entsprechend ihren Möglichkeiten, angepasst an den Sozialschlüssel. Er hat sein vorgezeichnetes Leben.

Hier braucht keiner mehr Adjektive und Motivation. Hier bin ich nun also 4 Nächte zu Gast.

Strassenkreuzung

Es sei Tag oder Nacht, es macht keinen Unterschied. Eine mobile Fahrradwerkstatt und einige Lastenräder, eines mit einem Blechbehälter in dem Müll verbrennt.

Eine runzelige Frau steht daneben, hat ein offenes Ekzem und bettelt mich an, ein Kind sammelt 4 Schritt weiter leere Plastikflaschen – sogar im Mülleimer.

Ein Pärchen schlendert, sie mit hochhackigen Lackschuhen und diesen typischen Damensöckchen über die Straße. Dort steht ein Obststand, das heißt auf dem Boden, ausgebreitet auf einer Bambusmatte liegen Pfirsiche, Aprikosen und Melonen. Es weht noch ein wenig Wind den Geruch dieser kleinen Lammspieße herüber, gemischt mit rußigem Dunst. In dem kleinen Grünstreifen auf Sichtweite sind zwei Straßenfriseure.
Doch nicht, dass der Eindruck von Beschaulichkeit entsteht: Die Kreuzung ist nie leer. Der Betrachter, den es als Einheimischen sowieso nicht gibt, muss sich wundern, dass keine toten Fußgänger oder Radfahrer herumliegen. Und ständig ist ein Gehupe und Gewusel.
An der folgenden Ecke ist eine Baustelle, eine Überführung wird geschweißt, ein Haus wird mit Bambus eingerüstet, es wird gestrichen und H-Steine verlegt.
Zwei Arbeiter pennen auf Wellpappe mitten auf der Baustelle, am Fuße des Wolkenkratzers, in dem

sich ein paar Hutong-Überreste, das Bambusgerüst und eine Budweiser-Reklame spiegeln.

Hebt man den Kopf sieht man so etwas wie rosafarbenen Dunst, das ist der Himmel. Aus dieser Fassungslosigkeit werde ich jäh gerissen, weil der stinkende Bus die Luft und Temperatur unerträglich macht, obwohl ich zuvor schon dachte sie sei unerträglich.

Du und ich – Ich und Du

Jedes Begegnen endet
Faszinierende Person
Gib mir Körbe
Diesseits – Jenseits
Staunen, Spielen, Brüllen, Beten
Warum fühlt sich das …
Er und Sie
KEINES, NIEMAND, GAR NICHTS
Und er fragte ...
Wie geht es Dir?
WhatsApp – Missverständnisse
Sie sagen mein…
You make me home
Schwarzes Loch
DaDa Du

Jedes Begegnen endet.

Verliert sich
im Getriebe
strandet
versandet

Also:
Lass uns einander begegnen
Noch und Nöcher
immer wieder.

Faszinierende Person

Schwierige Person
Ich mag kein Bild von mir
    Oh, wie schön das Bild ist
Komm her
    Geh weg
Nimm mich
    Lass mir Freiheit
Ich blicke durch
    Ich weiß nicht was ich will
Ich bin gerne unter Leuten
    In Gesellschaft fremd und seltsam
Ich verdiene ordentlich
    es ist mir gleich
Ich habe nüchterne Gedanken
    will mich betrinken
Ich schlafe gern
    Gehe spät zu Bett
Will Ruhe
    Finde Sie nicht
Bin gebildet
    Das hilft aber nicht
Möchte eine Beziehung und Nähe
    es geht nicht
Glück –
    Verpatzte Momente, oder bezweifelt bis zur
Unkenntlichkeit
Praktische Vernunft
    Exaltierte Romantik
Finde alles
    verliere mich
Bin witzig

Und innen todtraurig
Ein Traum
    (m)ein Alptraum
Hübsch
    Und mein Spiegel äfft mich

Ich mag Dich wie Du bist. Entspann Dich. Schließe
Frieden mit Dir.

Gib mir Körbe

Platz und Zeit gibt es genug.
Es ist reichlich Platz für Deine Körbe.
Es sind schöne Körbe,
sie sind ja schließlich von Dir.

Es ist reichlich Zeit, sogar für zwei.
wertvolle Zeit.
Ich gebe Dir ein wenig davon.
Etwas Teureres habe ich nicht.

Mein Leben ist Deine Körbe
und Du bist meine Zeit.
Dazwischen ist nur Ablenkung.

Also nur keine Hektik.
Gib mir Körbe!

Diesseits – Jenseits

Hier & Dort
Jenseits des Waldes
Jenseits der Stille
Jenseits des vierten Biers
Jenseits der Unterhaltung
Jenseits halb-drei
Jenseits des Scheiterns
Jenseits der Oberfläche
Jenseits der Informationsflut
Jenseits des Internet
Jenseits von Krieg und Frieden
Jenseits des Geldes
Jenseits der Zeit
-
Bin ich
Bist Du
Sind wir?
Bei uns
So schön – für uns
Für immer

Staunen, Spielen, Brüllen, Beten

Zeit haben -
unangefüllt
zweckfrei

Menschen entdecken
Nöte sehen
Loslassen

Der Boden von Beziehung hat viele Namen
Vertrauen ist ein Anfang.

Salzburg - 2017
Warum fühlt sich das …

--- schon wieder so gut an?

Ist so einfach, ist zu zweit
Stadt verschneit.
Kaffee-Haus gibt uns Frühstück und Ruh,
beieinander
in diesem heimischen Geraune

Schweigen, reden, laufen,
glücklich sein.
Leben und nicht arbeiten
Sein
Und gut!

Komm meine Muse,
nimm mich
auf.

ER	SIE
Du siehst doch, daß ich in dieser Mühle bin.	Du hast mir doch meine Freiheit geraubt.
Was heißt hier Abhängigkeit?	
Ich geb Dir doch alles was ich kann und habe!	Wer ist es denn, der für Dich wäscht, bügelt, saugt.....?
	Du willst mich nur beherrschen.!
Du kennst doch meine Verpflichtungen	
Mach mir doch Deine Unselbständigkeit nicht zum Vorwurf.	Laß mir doch meine Ruhe.
Jetzt soll ich Deine Emanzipation und Selbstfindung ausbaden.	
	Du hast mich doch noch nie verstanden.
Du hörst mir doch gar nicht zu [beide **schweigen** abgewandt, setzten zur gleichen Zeit an, sie bekommt den Vortritt]	Du hörst mir doch gar nicht zu [beide **schweigen** abgewandt, setzten zur gleichen Zeit an, sie bekommt den Vortritt]
[Zuhören]	Du gehst jetzt endlich auf mich ein!
Wie soll das aussehen?	[Zuhören]
[Zuhören]	sonst......... gehe ich.
[abgewandtes Schweigen]	[abgewandtes Schweigen]

Es ist leichter eine Tür zu schließen als Wände einzurennen, hochzugehen oder Berge zu versetzen. Beim Rückweg ist manchmal schon das Türe öffnen das Schwerste.

53

Es reimt sich nicht
Sie sucht die Harmonie

weil gar nichts stimmt.
es knallt.

Der Kopf sagt,
Ihre synthetische Ästhetik

kann nicht wirklich gelingen
reibt sich mit impulsiver Laune

Das Herz spricht,
Sie merkt wohl meine Reserve

Sie bringt mich schwerlich zum klingen.
Das hab ich nicht verschwiegen.

Es ist nicht wirklich für die Dauer,
Sie spricht schon von Beziehung,

kein Ziel liegt mir auf der Lauer.
Die Dissonanz macht honigsüß und gar nicht schlauer

Ich will auch   gar   keines   finden.

Ich will auch niemand nichts finden

Und er fragte ...

... nicht woher ich komme und wie ich heiße. Er fragte auch nicht, wieviel ich habe und mit was ich mein Geld verdiene.

Es war nicht die Rede davon, ob ich rauche oder Feuer hätte oder eine andere Form der Wort- und Sinnlosigkeit.

Aber er fragte, und er gab es zu, dass er ein Frager war, wie wir alle.
Das Besondere war, dass er es zugab.

Er war kein Einmalkönner, kein Alleswisser, kein Bessermöchter, kein Dummschwätzer und Glücklichspieler.

Er war liebenswert ohne Ende, weil er ganz Mensch war, dort an der Bar.

Durch ihn habe ich den Beruf des Antwortensuchers, des Fragenfinders, des Gesundbeters und des Sinnzeigers entdeckt.

Alle sind wir aufgerieben und misshandelt, und alle wollen wir das verbergen.
Wir brauchen uns alle als Geleitschutz, als Seelenwächter, Herzenswecker und Leibsorger.

Wie geht es Dir?

Kopf leer und leicht
Herz und Seele auf Rückzug.

Arbeit viel aufzuholen

Privat am Aufräumen und Sortieren

Herb-st...
Herrlich traurig
Lebendig
Sehnsüchtig

Ungefähr so

WhatsApp – Missverständnisse

Seltsam verstümmelte Kommunikation
Symbole die jeder anders versteht
Nichts sagen
Lustig sein sollen

Immer erreichbar
Lesebestätigung
ohne Verständnisbestätigung
ohne Blick und Rückkopplung

Was ist zu viel?
Was ist lustig?

Immer ein Medium zwischen uns
Immer mehr
Immer schneller
Immer mehr an der Oberfläche.

Lass es uns bleiben lassen!
Lass uns reden. Auge in Auge.
Ich brauch Dich jetzt.
Ohne Message
Nicht virtuell
Ohne Missverständnisse
Ohne Kompromisse
Im Hier und Jetzt

Sie sagen mein…

und merken kaum
Dass sie nichts halten können.

Sie sind wie Kinder die begreifen, entdecken und
sammeln.

Sie sind wie Wind und Mohn und Nacht.

Und das Gebot?
Warum dann das Gebot – Du sollst nicht begehren
alles was Dein nächster hat.
Schon gleich gar nicht seine Frau!

Weil es ohnehin keinen Sinn macht?

Dann schreibe ich DEIN
und das geht nun wieder,
denn es verschenkt.

Das Einzige was ich habe ist meine Seele,
und die habe ich oft verschenkt.
Und doch gehört sie Dir
Meinem Gott.

You make me home

Inspiriert von Sarah Kaiser – miracles (late night talk)

Sehnsucht
Nach glücklichen, friedlichen Tagen,
nach Ankommen.

Seelenliebhaberin
Unterwegs mit
einer so unglaublichen Hoffnung
so aufregend heil, einfach und ganz.

Liebhaber unserer Seelen
konstante Sucher sind wir –
Getriebene

Was ist mein Herzenswunsch?

DAS ist mein Herzenswunsch:
Mein Seelchen, mein Herz
Dein Finderlohn.

Schwarzes Loch

Deine Nähe ist wie eine Sinnestäuschung.
Wo Du doch sonst so weit weg bist.
Du bist wie ein schwarzes Loch.

Kurz, so S. Hawkins, kann man hineinblicken,
die Geheimnisse erahnen,
und plötzlich schließt es sich wieder.

Zauberhaft.

Dada-Du

Werde sie erfinden, die Maschine
Zur Entknotung des Gehirns
Zur Zerschlagung des Gefühlskneuls.

Entschlüsselung der Sinnleere
Befreiung der Freiheit

Flieht in die Menschenleere der Mittellosigkeit
Heimatlose Ideengeschichte
Präzise Entzauberung

Da
Du
Da

Dann
Nichts
Als.

Sanfte, Süsse Gewalt

Irrfahrt - Odyssee der Liebe I
Orpheus
Verwundete Liebesseele
Adonai und Eros
Körper und Seele
Angestaut?
Das Schwierige mit der Geduld
Mach die Türe weit auf
Fabelberge

Irrfahrt - Odyssee der Liebe I

Fahrten voller List und Tücke – weit ist mein Weg
zurück nach Ithaka…

Die Odyssee beginnt mit der Anrufung der Muse*1)
Und das ist schon ein Fingerzeig

Nach 10 Jahren Krieg
Und Sieg um Sieg

Nun Wirrung und Verlust bei der Heimkehr.
Die Götter verwehren die Heimfahrt im Zorn

Verliere Gefährten, vielleicht den Verstand,
Verliere mich im Märchenland

Der Polyphem verschlingt meine Mannen,
und doch werd ich entkommen…

Trieb zu Aiolos
Wie der Wind so weht

Gelangte für 7 Jahr zu Kalypso – Teile Bett und
Haus
Wo die Unsterblichkeit lockt
Doch das Heimweh und Penelope… noch mehr

Meiner wartet keine Penelope mehr!
Was für ein Kampf? Und was für Freier?

Im Land der Kimmerer ohne Sonne
Gibt es düstere Weisungen und Prüfungen,
Bekanntschaften und Aufgaben.

Sodann stopfe ich mir auf Geheiß Wachs in die Ohren
Und lass mich an den Mast anbinden
wegen der verlockenden Sirenen

Was für ein Blutbad werde ich anrichten
und welche Freier werde ich strecken?
Was ist das Geheimnis, dass nur ich kenne?
Wo wird meine Odyssee enden?
Wo ist mein Ithaka?
Werde ich ankommen und bei wem?

Bin ich der Krieger und Wanderer, mit List und Verstand,
Mut und Kraft und Gunst - irdisch und himmlisch

Was hilft es?
Ich bin es leid, ich bin müde.

*1)
Sage mir, Muse, die Taten des vielgewanderten Mannes, welcher so weit geirrt, nach der heiligen Troja Zerstörung, Vieler Menschen Städte gesehn, und Sitte gelernt hat, Und auf dem Meere so viel unnennbare Leiden erduldet, Seine Seele zu retten und seiner Freunde Zurückkunft. Aber die Freunde rettet' er nicht, wie eifrig er strebte; Denn sie bereiteten selbst durch Missetat ihr Verderben: Toren! welche die Rinder des hohen Sonnenbeherrschers Schlachteten; siehe, der Gott nahm ihnen den Tag der Zurückkunft. Sage hiervon auch uns ein weniges, Tochter Kronions.

Orpheus

„Die von Zeus auferlegte Bedingung, damit
Orpheus, der mit dem göttlichen Klang seiner Lieder
die Tore des Hades zu öffnen vermochte, seine
dahingeschiedene und in die Unterwelt
hinabgestiegene Gemahlin in das Reich der
Lebendigen zurückführen konnte, war nur eine:
Dass er sich bei der Rückkehr nicht umwandte um
die Geliebte Euridike anzuschauen.

Von seinen Gefühlen überwältigt, vergaß er es
jedoch, und weil er sich umwandte, verlor er sie für
immer."

Und wen verlor er nun für immer?

Verwundete Liebesseele

Unerwiderte Liebe

Sie konnte sich nicht verlieben in mich
Die letzte Türe nicht öffnen
Ließ mich zurück
Mit verwundeter Seele.

Genarrt bin ich vom Schicksal
Dankbar für wunderschöne Momente
Sitze ich verkatert
Nehme mein Frühstück
Alleine

Mache weiter
Muss schreiben
Muss weinen
Muss raus.

Adonai und Eros
(bescheidene Erfahrungen und Erkenntnisse)

Ihr seid die stärksten Lebensmächte
Ihr seid Euch gut, seid keine Widersacher

Ihr kennt die Not und Schmerzen, das kurze Glück,
die tiefe Freude.
Ermesst alle Dimensionen, Farben, Gerüche,
Gefühle.

Ihr seid Ursprung und Triebkraft.

Doch wir beschneiden Euch, verunglimpfen,
machen Eros zum Vagabunden
verhärten den so wunderbaren Namen Gottes
in moralischen Begrenzungen.

Wir spalten Euch auf, entweihen Euch,
wir verstehen nichts und sind oft grob,
beschränkt, verengt, verhärtet.

Wir erzeugen ständig Missverständnisse,
erleben Sehnsucht
und werden allzuoft nicht satt.

Keine vitale Gottesbeziehung ohne Sexualität!

Ihr Beide zusammen führt uns über uns hinaus.
Zeigt uns den wahren Charakter
Von uns, von Adonai und Eros
Drängt uns zur Hingabe

Wir werden gefragt,
berührt,
erfahren ein „unter die Haut gehen"
Verschmelzung
Lernen abzusehen von uns
Erfahren Einheit,
Leben im Fluß...
Gehören uns nicht, gehören zu jemandem.
Wir bleiben nicht bei uns, brechen auf,
werden weich und stark
werden ganz.

Was für ein tristes Leben ohne Eros und ohne
Adonai.
Was für eine Erkenntnis, wenn ich nur mit dem
Kopf, dem Verstand oder nur mit dem Körper
begreife?

Grenzüberschreitung
Frustration
Schuldgefühle und Scham
Auch Sinn.
Aber auch Sucht, Fanatismus und Verhärtung.

Gibt es religiös unmusikalische Menschen?
Gibt es erotisch unmusikalische Menschen?

Welche Mächte sin es, die das Schönste und
Tiefste was in uns Menschen angelegt ist
zerstören?

Angestaut?

Komplexe, Kleinmachen, Idiotie
Unberechenbare, ästhetische Dressur
Ruckartiges Dichtmachen als
Reaktion – ad hoc

Intellektuelle, ästhetische Hegemonie
KEINE Augenhöhe
Zumachen, Dichtmachen, Kleinmachen

Eifersucht?
Nein!
Rotes Tuch.
Lieblos?
Abgeschnitten?

Umgang
Grob, unklug, hässlich

Warum?
Wegen der Ablehnung – angestaute Ablehnung
vielleicht?

Das Schwierige mit der Geduld

Gerade, mit einem temperamentvollen Gemüt,
gerade, wenn Du lichterloh brennst,
gerade, wenn Dein Herz übergeht
und Du merkst,
Du musst Dich zügeln, mäßigen ...
Gerade dann stellst Du die Frage: Was ist nun das
Schwierige mit der Geduld?

Dasitzen und dem Gras lauschen,
und dem Nichts-Wollen,
während die Dämme brechen,
die Gefühle durchgehen,
die Phantasie überbordet mit Bildern, Gerüchen,
Handlungen, Tönen...

Was hast Du gefragt?

Im Jetzt sein, absichtslos,
während Du Dich auflöst.

Mach die Türe weit auf

Mach der Liebe die Türe weit auf
und die Fenster
sagt mir die freundliche Stimme

Hat Sie das Haus überflutet oder schleicht sie
kichernd ins Haus - gut gelaunt?

Ich fliege, bin dankbar
für Dein Einlassen, für Deinen Zauber.

unsere Intimität
unsere Verbindung
entrückt mich
bleibt mystisch
verweigert sich jeder Beschreibung

Bin überglücklich
Aufgeladen und gelassen.

Mach Türe und Fenster weit auf
Wenn die Liebe anklopft
Trotz all deiner Verletzungen

Überflutend oder schleichend?
Beides zugleich
Diffus
In der Schwebe
Ohne Richtung und Ziel
Mit allen Sinnen.

Fabelberge

will er abtragen
und findet sie nicht
nicht mit ihm!
so nicht.

Die verwöhnten Gören shoppen sich dumm.
Der Notstand bleibt.

Flöte und Harfe
und all das Sanfte
scheint es nicht mehr zu geben.

Zärtlichkeiten bezahlt man wohl mit Scheinen
oder Abschiedsphantomschmerzen

Er macht nicht mehr mit.
Lebt wohl ihr Musen
oder was Ihr auch seid.

Scheitere ruhig

Sammlung
Resonanz / Dissonanz Katastrophen
Knapp
Der bunte Hund (Teil 1)
Der bunte Hund (Teil 2)
Ankomme, Friedrich, Nirgendwo
Versagen
Dazwischen
Blühen?
Befreiung des Konservenkönigs

Sammlung

Leben in den Tag
potenzielle Leichtigkeit
das schlechte Gewissen erstattet Meldung
aus dem Feindesland
Flucht auf der ganzen Linie

Rück- und Vorwärtsbesinnung.
Kann schon etwas gefasst werden
was vermisst und gesucht wird?

VermiBtmeldungen
Bestandsaufnahme
Materialcheck

Verbrämte Nichtigkeiten
werden über Bord geworfen.
Die Suche und Frage nach Haltbarem
tritt in den Vordergrund- meist ohne Erfolg,
Danach- mit der Erfahrung

Vorwärts, wir müssen zurück
denken
und vorwärts schauen
Solo- Sinnstiftungen sind Onanie.

Das in den Griff bekommen
Versuche zur Disziplinierung

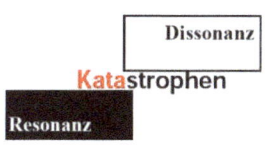

Dissonanz

katastrophen

Resonanz

Eine spirituelle Offensive

politischer Stillstand

Hingabe an neue religiöse Einsichten

Letargie und alte Lösungen

für völlig neue Herausforderungen

Der Tod durch das Wort....

Neue Ideen sind nötig.

ist möglich

das sieht jeder

mit Zivilcourage gibt es Lieferschwierigkeiten

Problemdenken muß Ideologien verdrängen.

Sensitivität und einfühlsame Mission

Eine Suche nach Weisheit und Mut setzt ein

Verantwortung wird weit und breit vermieden.

Stille, Geduld und Euphorie vertiefen sich.

Solidarität wird als bloßes Wort....

Meine persönliche Auseinandersetzung mit Gott.....

zu Grabe getragen.

wird lebendiger und fordernder.

Dem Verteilungskampf wird aller Orten gefrevelt

Und Musik ist wichtig, um das umzusetzen.

Da hilft kein Entertainment!

Knapp

Knapp einem solchen Leben entgangen,
einem Leben, in dem sich die Beiden ungewollt
die Luft zum Atmen nehmen.
Voller Destruktivität
und Unfähigkeit
einander gut zu sein,
sich zu lieben.
Bis zur völligen Beschneidung und Lähmung.

Und niemand könnte sagen,
die Akteure seien unbeteiligt,
hätten nichts dazu getan.
Wir werden gefragt,
was wir getan und unterlassen haben.

Der bunte Hund (Teil 1)

Der bunte Hund kann nichts mehr sagen
Ihn will niemand
Nicht einmal geschenkt.

Er kann sich nicht erklären

Mister Kunterbunter-Hund (Teil 2)

Besagter Hund kann nicht mehr
zahlen
von Zeit zu Zeit
steht ohne
Wert-Schätzung

Es will auch keiner ihm was geben
Keine Bank, kein Bürge.
Die Umstände sind's
sind umständlich

Er ertrinkt
in einem lächerlichen Teller.
Während die gewählte
Verantwortungsnationalmannschaft
Das Tafelsilber hinterzieht …
Und keiner bellt.

Ankomme, Friedrich, Nirgendwo

Nach einer Buto-Tanzperformance zu Friedrich
Hölderlins Hyperion ... im Garten der
Hölderlingesellschaft

Lebenslauf – Aufbruch – Wohin er will
Ein Gott ist der Mensch, wenn er träumt.

Oh hätt ich nie gehandelt.
Um welche Hoffnung wär ich reicher.

Alles verdorben
Was?

Verstummen und Vergessen
Mein Dasein
Und dann?

Wusstet Ihr, was ihr wolltet?

Der schöne, einmalige Moment
Mehr können wir nicht erwarten?
Der Augenblick der Liebe – das ist das Größte -
Nicolas und Friedrich sind also Freunde.

Du hast Friedrich den Weg gewiesen Diotima.
Wer hat mir den Weg gewiesen?
Alle unzulänglich?

Lust, Hoffnung Leichtigkeit in den Pfaden.
Bellarmin: Wer darf denn sagen er stehe fest?

Der wilde Kampf wird Dich zerreißen
altern
Der Knechtsdienst tötet.

Die lächerliche Treppe nach oben endet
Das Schicksal stößt mich ins Ungewisse hinaus.
Ein kleiner Rest ist übrig.
Was ist es?

Diotima – Wo bist Du?
Sie: „Bei den Meinen."
Wo sind diese?
Wer sind diese?

Am Ende dreht er sich
Um sich selbst
Immer schneller
Kommt nirgends an.

Versagen

als Vater und Mutter
als Familienmensch
als Liebhaber und Liebhaberin
als Mann und Frau?

Das Eingestehen-
entsetzliche, unrevidierbare Geschichte,
die jeder anders erlebt

zerrissenes Kind
unser Kind
das Kind in mir und Dir

versagtes Ganzes
gespalten und abgetrennt
wider Willen

und kein Entkommen

Laß neu beginnen
was in uns ruht und wachsen will.

Ich kann es nicht anders sagen.

Dazwischen

Es stockt
die online-Illusion
der Nähe

Es fließt
keine Silbe
der Leichtigkeit

Es drängt
sich nichts und niemand auf.

Das Ambiente
ist sprachlos
laut und unbewohnt.

So fremd
bin ich nur
Zuhause.

Heimat
Nicht bei Orten
oder Menschen
Nur in Worten.

Blühen?

Das Gegenteil von aufblühen?

Verdorren

Die Blüte ist in Erwartung der Ankunft erblüht.
Oder einfach so?

Bei mir blüht keine Blume in Erwartung meiner
Ankunft.
Ich blühe auch nicht, nicht mehr.

Also was nun?
Was geschieht nun?
Kaufe ich nun Blumen?

Befreiung des Konservenkönigs

War ich nicht schon immer diese Witzfigur …
mit der Narrenkappe als Krone?
Der Konservenkönig, den FRAU konserviert
und rauszieht, wann sie will.

Das war ich nur dann, als ich liebte
Doch was ist das für eine Liebe?
Was für eine hässliche Romantik?
Was für ein Gefängnis?

Unmännlich,
im Grunde zu verachten
und zu bemitleiden…

Dabei die Frau heiliggesprochen
Überhöht…
Nein, das werde ich nicht weiter sein.
Nur, wer dann?

Zeitfracht Medien GmbH
Ferdinand-Jühlke-Straße 7
99095 Erfurt, Deutschland
produktsicherheit@kolibri360.de